JN409295

흰하늘 바람불어

함학림 민조시집

책읽는재

흰하늘 바람불어
함학림 民調詩集

초판 1 쇄 2015년 4월 1일
초판 발행 2015년 4월 5일

지은이 함학림
펴낸이 양상구
편집·디자인 조선미

펴낸곳 도서출판 채운재
주소 100-861 서울시 중구 충무로2가 49-8(서울빌딩 202호)
전화 02-704-3301
팩스 02-2268-3910
이메일 ysg8527@naver.com

ISBN 978-89-93829-84-6 03810

값 10,000원

흰하늘 바람불어

첫 시집을 내면서

앞만
바라보며
숨차게 올라왔다

얼굴을
스쳐가는
바람이 맵차다

내리막 길목에서
만난
民謠詩 육십 편

아버지 영전에 바친다

함학림

예뻐라 시詩꼴림

박 성 배
아동문학가 (전 문협부이사장)

함학림 시인이 첫민조시집 <흰하늘 바람불어>를 가제본하여 보내왔다. 그의 성격처럼 깔끔하고 완벽하다.

'축하의 글' 을 부탁받았지만 그런 형식보다는 '추임새' 를 넣고 싶다.

우선 天, 人, 地 3부로 나눠 실은 60편의 시를 눈으로 읽고, 입으로 읽고, 마음으로 읽었다. 3독한 셈이다.

붓꼴림 / 춤 사위에 / 숨죽인 각시,
매화향 꽃떨기.

"허이, 그렇지!"

도정 권상호 선생은 '붓꼴림' 을 '붓을 잡고 글씨를 쓰고 싶은 충동' 이라고 했다. 문학가도 마찬가지다. 그런 충동 없이는 창작을 할 수가 없다. 나는 함학림 시인에게서 '시를 쓰고 싶은 강한 충동' 을 감지했다. 그럼 된 것이다. 사막의 모랫바람처럼 에너지 넘치는 그의 시심을 누가 막을 수 있겠는가?

앞집은 / 다른 나라 / 문앞이 국경,
복도는 DMZ. (아파트 나라)

"얼씨구, 좋다!"

우리네 아파트 문화가 얼마나 살벌한가? 과히 총부리를 겨눈 국경선 같지 않은가? 이렇게 살지 말았으면 좋겠다는 시인의 외침에 저절로 추임새가 터진다. 인정이 넘치고, 남을 배려하고, 사악한 언어를 모르는 함학림 시인의 정신세계를 본다.

애벌레/ 고치 짓고/ 나방은 뚫네,
난 무엇을 뚫나? (누에고치)

"지화자, 얼쑤!"

함학림 시인은 명예퇴직을 한 후 기다렸다는 듯이 詩를 뚫기 시작했다. 열심히 뚫으면서도 '난 무엇을 뚫나?' 하고 고민한다. 바로 더 흡족한 시를 갈망하는 시인의 몸부림이기도 하다. 그래서 그가 뚫을 새로운 시도 기대되는 것이다.

<흰바람 바람불어>에 대한 추임새로 서툰 흉내를 내본다.

출산
박성배

숨죽여 / 기다렸네 / 진통의 시간,
예뻐라 / 시 꼴림.

나는 함학림 시인이 작품을 쓰기 시작하기를 참 오랫동안 기다렸다.
한 5년은 되나 보다. 성급하게 보채지는 않았지만, 가끔 지나가는 말로 툭툭 자극을 주기도 했다. 그의 삶과 정신세계에서 퍼 올릴 수 있는 문학의 건덕지와 능력을 보았기 때문이다. 드디어 첫 시집으로 그는 기대를 저버리지 않았다.

그렇다! 함학림 시인의 첫 시집에서도 나는 그의 '시 꼴림' 을 읽는다.
그의 충동이 불꽃을 튀길 때마다 자연이, 인생이, 삶이 시의 판타지로 팡팡 터드려 지리라 믿는다. 마음은 춤을 춘다.

"지화자, 좋다!"

차 례

天 흰하늘 바람불어

人 사람 춤추고

뭇생명 품는 땅

天

흰하늘 바람불어

먹그림

붓꼴림
춤사위에
숨죽인 각시,

매화향
꽃떨기.

· 2015년 제 14호 봄호 '윌더니스'

하얀 민들레

강물에

내려앉은

밤별빛 같은,

눈물떨기 같은.

바람꽃

남몰래

찾아왔다

홀로 떠나네,

이슬 꽃길

밟네.

물방울

나뭇잎
끝에 달린
물방울 하나,

이승 끝
저승 가.

· 2015년 제14호 봄호 '월더니스'

고양이 꿈

풀밭을
뛰놀면서
제 꼬리 쫓네,

고양이
쳇바퀴.

불암산

비안개
용트림질,

산정을 베고

몸푸는
바위산.

· 2014년 제6호 '노원문학'

5도다

유리창
두드리며
비가 오도다,

떠도는
길손님.

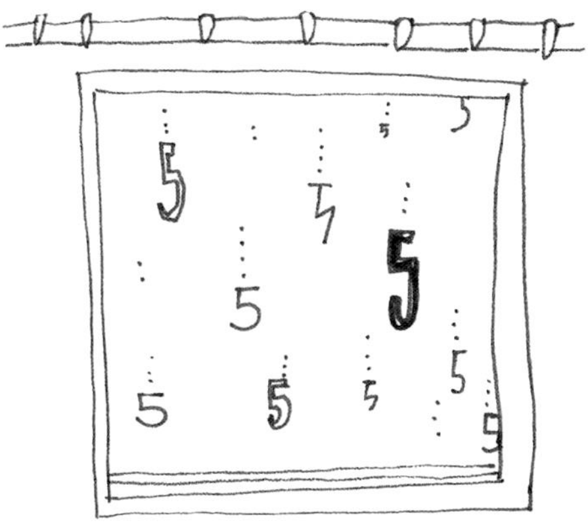

오늘 별빛

떠돌이
흐르는 별

언제였던가,

길 떠난
저 별빛.

빗방울

우산 위
굴러볼까

미끄럼 탈까,

　통
　통
　통
뛰놀까.

창밖풍경

나무가
스쳐갔다

눈 깜짝할 새,

그 창가
그 자리.

달 몸살

앞마당
강아지가
달 보고 짖네,

어쩌나
이밤을.

이슬

온밤내

아픔 털고

태어난 아침,

참구슬

새빛결.

수족관

가자미
치눈으로
날 쳐다보네,

거긴 살만 한가?

· 2015년 제 95회 '自由文學' 신인상 民調詩部 2회 추천

가을부채

더위 끝
안절부절
땀절은 부채,

울아배
눈치만.

· 2014. 9. 29 노원신문 '함학림의 밥 한 숟가락'

나그네

단풍잎
떨어진다,

내 어깨 위에

쿵!
가을발자국.

황소바람

문풍지

매달고 온

황소 한 마리,

어디로 숨었지?

철부지꽃

겨울에
왠 장미꽃,

동장군 왈패

곧
몰려올텐데.

눈(雪)물

눈발이
강물위로
날아내린다,

눈물꽃 불탄다.

· 2015년 제 95회 '自由文學' 신인상 民調詩部 2회 추천

사람 춤추고

밥상에 핀 꽃

입안에

아삭아삭

설핏 우엉향,

아내의 손끝향.

거울

서로가 마주봐도

왼쪽,

오른쪽,

오른쪽이

왼쪽.

· 2015년 제 95회 '自由文學' 신인상 民調詩部 2회 추천

거울

서로가 마주보는

왼쪽,

오른쪽,

오른쪽이

왼쪽.

바람도 춥다

발동동
달음박질
바람도 춥다,

꼭 여민
옷깃 섶.

양복

나갈 날
기다리며
주름살 편다,

오늘도
일없다.

· 2015. 1. 19 노원신문 '함학림의 밥 한 순가락'

아파트 나라

앞집은
다른 나라
문앞이 국경,

복도는
DMZ.

· 2014. 10. 27 노원신문 '함학림의 밥 한 순가락'

파리 식구

숟가락
놓자마자
날아든 파리,

또 다른
식구들.

낚시바늘

거꾸로

매달려서

안부를 묻네,

밥은 제 때 먹나 ¿

우리집 甲

강아지

꼬리치며

밥 차리라네,

나는

언제나 乙.

독경(讀經)

절집에

염불소리

녹음기 소리,

쇠귀에 경읽기.

장맛비

우산 속

숨어있는,

또 다른 나를,

꾸짖는

빗소리.

· 2013년 4월호 '월간 순국'

길들여진

강아지
싫든 좋든
사료 먹이고,

난
햄버거 먹네.

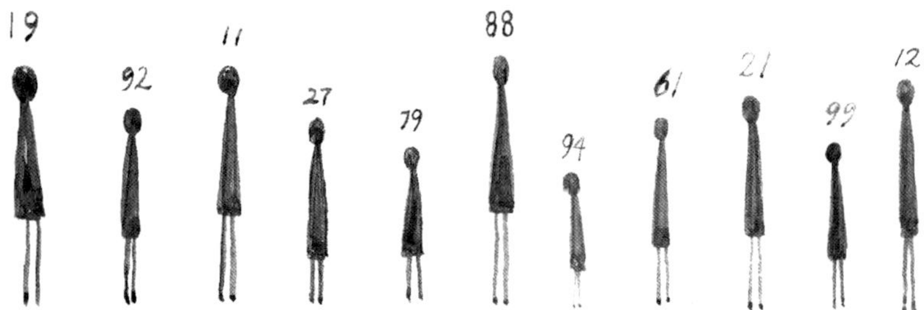
19
92
11
27
79
88
94
61
21
99
12

은행에서

잘나나
못 낫거나
사람은 없고,

번호표
숫자뿐.

· 2015. 2. 2 노원신문 '함학림의 밥 한 술가락'

전화번호부

갈무린
번호들이
날 알아볼까,

기억이나
할까.

살아 죽은 척

껍데기
무당벌레
살아 죽은 척,

꿈일까
생시ㄹ까.

· 2015. 2. 16 노원신문 '함학림의 밥 한 숟가락'

헌구두

뒤꿈치
밖으로만
닳고 말았네,

내걸음
게걸음.

노을주

맥주가

소주만나

신방 차렸네,

놀빛도

부끄러.

CCTV

가자미 눈빛들이 번뜩거린다,

들킬라
내마음.

· 2014. 11. 24 노원신문 '함학림의 밥 한 순가락'

장릉*(壯陵)

망주석

더듬어도

세호細虎가 없네,

숨죽인 노송들.

* 장릉(壯陵) : 조선 제6대 단종의 능으로 조선 왕릉 중 유일하게 망주석에 세호(細虎)가 없다.

땅 따먹기

골목길
내 땅 네 땅
다투다가도,

해지면
우리 땅.

말
말
말
말
말

말꽃

무심코
내가 흘린
말이 씨된데,

싹틀까
꽃필까.

· 2015년 제 14호 봄호 '월더니스'

중독

마실 땐
천국이요

깰 때는 지옥,

안마시면
연옥.

· 2014. 12. 15 노원신문 '함학림의 밥 한 숟가락'

조각달

늦은 밤
동네 골목
비추는 눈빛,

기다리는 엄니.

· 2015. 2. 9 노원신문 '함학림의 밥 한 숟가락'

비오는 저녁

귀갓길
취한 손에
통닭 한 마리,

아버지가 된다.

· 2014년 제 94회 '自由文學' 신인상 民調詩部 초회 추천

아내 꿈길

밤새껏
뒤척이다
떠나간 꿈길,

따라갈 수
없네.

· 2014. 10. 13 노원신문 '함학림의 밥 한 숟가락'

地

뭇생명 품는 땅

山詩 · 1

숲속에 지렁이는

산메아리로 귀를 씻는다네.

· 2014년 제94회 '自由文學' 신인상 民調詩部 초회 추천

백목련

꿈에도
별빛 좇아
잠 못드는 밤,

꽃망울
배냇짓.

나뭇길

나무도

새잎 품고

가는 길 있다,

우듬지

세움길.

민들레 홀씨

하르르

날아가다

나래 접는 곳,

그자리

꽃자리.

꽃 진자리

진달래

꽃 진자리

살내만 남아,

봄

봄

봄도 진다.

밤벌레

달빛속

사각사각

밤갉는 소리,

오늬속

애벌레.

형제섬

같은 젖
물고 사는
동도東島와 서도西島,

한 엄마
젖내림.

누에고치

애벌레
고치 짓고
나방은 뚫네,

난 무엇을 뚫나?

· 2014년 제 94회 '自由文學' 신인상 民調詩部 초회 추천

칡넝쿨

홀로선
살 수 없어
얽혀 산다네,

어울렁
더울렁.

山詩 · 2

온

한 마리가

자벌레

산을

　　　　맘껏

　　　　　　　　마름하고 있네.

· 2014년 제 6호 '노원 문학'

일개미

해종일
일을 찾아
분주한 하루,

오늘도
무사히.

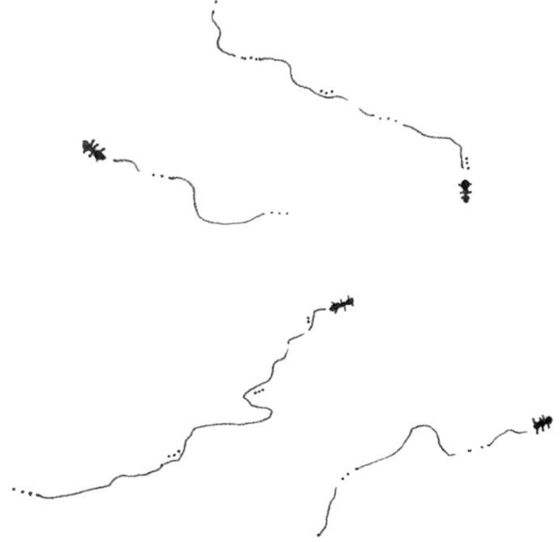

굽은 나무

몸뚱이
비바람에
휘어져 가도,

언제나
제자리.

그림자

한평생
그림자는
밟히며 사네,

따라오며
가며.

새동무

한참을

마주보다

날아간 까치,

불암산

새동무.

홍시

늦가을

햇살 받아

맨살로 숨네,

부끄런

까치밥.

· 2014. 10. 20 노원신문 '함학림의 밥 한 숟가락'

은행(杏)

내안에

살고 있던

샛노란 향내,

터졌네,

구린내.

· 2014년 제 94회 '自由文學' 신인상 民謠詩部 초회 추천

단풍잎새

색 바랜
잎새 하나
꼭 매달렸네,

약오른
찬바람.

얼음꽃

물방울

입 맞추니

얼음꽃 폈네,

봄꽃필 때까지.

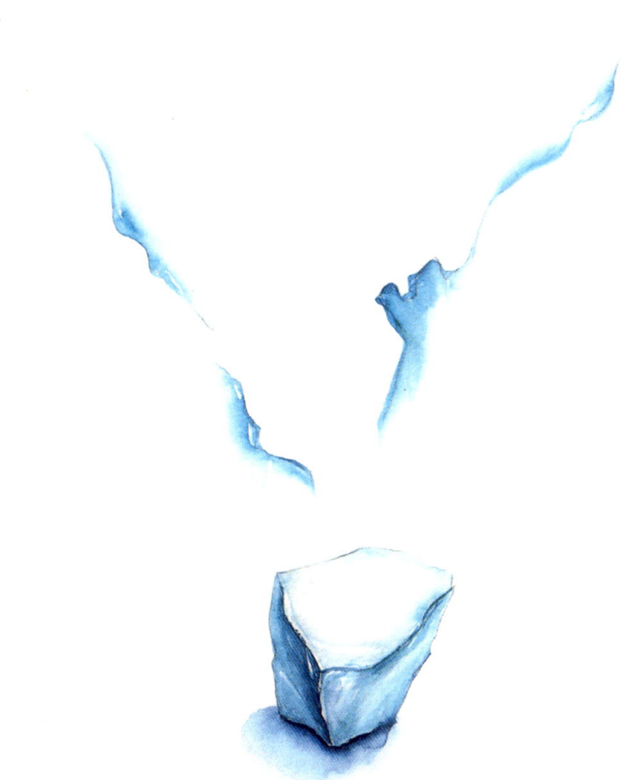

자연 친화와 생명 사랑의 녹색시인

–함학림의 첫민조시집 '흰하늘 바람불어'를 읽고

金 進 中
한국민조시인협회 회장

1.

함학림 시인은 서울 출생이다. 그것도 함경남도에서 월남한 부모님 사이에서 베이비 부머 1세대로 태어난 장남이다. 그는 일찍이 공직에 투신하여 34여 년을 봉직하다가 불과 정년을 1년 남겨둔 시점에서 노원구청 자치행정과장직을 끝으로 명예퇴직을 감행(?)하였다. 그리고는 제 2의 삶을 미리 작정이라도 했듯이 오로지 '집밥' 을 챙겨 먹으며, 불암산을 오르며, 시를 쓰기 시작했다. 물론 오랜 공직생활 중 평범한 공무원이었지만 대통령으로부터 녹조근정훈장도 수여 받는 등, 타의 모범이 되었을뿐만 아니라 특히 노원구청에서 홍보. 예술. 문화 부문을 담당할 당시. 지금까지 시인, 소설가, 수필가 등 수십 명의 문인을 배출한 '노원문협아카데미' 를 신설하는데 실무책임자로서 그 주춧돌을 놓은 점은 향후로도 크게 칭찬받을 만한 일이라 하겠다.

사람들은 흔히 인간의 관계를 말할 때 모든 것이 인연이라고 표현하고 있다. 그러면서 우연이라고도 말하기도 한다. 그러나 나는 인간세상 그 어디에도 우연은 없다고 생각한다. 만약에 있다고 해도 그것은 우연을 가장한 필연이기 때문이다. 굳이 불교의 인연설을 말하지 않더라도 우리 모두의 관계는 참으로 눈물겨운 과정을 겪어 이루어진 만남이 아니겠는가!

내가 함 시인을 5년 전 노원문협의 문학 행사장에서 처음 만나 서로 인사를 건냈다. 그 때는 물론 공직자로서 문인은 아니었지만 그 시원시원한 화술과 썩 괜찮아보이는 주량에 마음이 갔다. 나이도 젊게 보였는데 아뿔싸! 알고보니

을미생 동갑에 생일도 같은 봄이었다. 그러나 자주 만나지는 못하였지만 그간의 짧은 대화속에서나마 문학적 향기와 소양을 숨겨 지니고 있음을 나는 이미 눈치 챌 수 있었다. 그리고 지난여름 어느날 늦은 밤, 대학로 '옛찻집' 에서 우연을 가장한 필연으로 다시 조우하게 된다. 퇴직한지 며칠 안 되었다고, 민조시를 쓰겠노라고. 그리고 그 다음 주부터 '민조시 아카데미' 에 나와 지금껏 열심히 공부하여 계간 '자유문학' 민조시 부문에 두 차례 추천 완료하고 이나라 민조 시인으로 등림하였다. 이어서 연로하신 어머님을 기쁘게 해 드리려고 자신의 회갑에 맞춰 서둘러 이 시집을 엮은 것으로 알고 있으니 그 효심이 갸륵하다고 아니 할 수 없다.

2.

이번 함 시인의 첫민조시집인 <흰하늘 바람 불어>를 대해 보면 먼저 그 제목부터 심상치가 않다. 대개의 시인들이 첫 시집을 낼 때면 인간의 五慾七情과 愛別離苦에 기인하는 제목을 많이 선호하고 있는데 이 시집은 제목부터가 우주와 인류의 始原을 말하듯한 역사의식을 뿜고 있다. 그리고 목차만 훑어봐도 天符經의 ᄒᆞᆫ 사상에 의한 天, 人, 地의 3부로 갈래하여 60편의 민조시를 싣고 있다.

짧은 18자의 정형 단민조 시편들이지만 어느 것 하나 깊은 사색과 성찰을 전재하지 않은 것이 없다.

나뭇잎
끝에 달린
물방울 하나,

이승 끝
저승 가.

— '물방울' 全文

시인은 오랜 공직생활을 마치고 나니 느긋하게 아침산을 오른다. 여태까지 생활에 쫓겨 세세히 관찰해보지 못했던 모든 사물들과도 새롭게 바라보며 소통하는 여유를 갖게 된 것이다. 비록 나뭇잎 끝에 매달려 곧 떨어질 것 같은 물방울 하나를 보면서도 이승과 저승을 넘나드는 그의 사고는 무한한 우주와의 거리도 손가락 끝 시선 앞으로 끌어들이고 있다.

남몰래
찾아왔다
홀로 떠나네,

이슬 꽃길
밟네.

—'바람꽃' 全文

일찍이 소월 시인은 그의 시 '산유화' 에서 '산에는 꽃피네 꽃이 피네 / 갈 봄 여름 없이 꽃이 피네 /' 라며 자연의 섭리를 노래하였다. 함 시인 역시 이렇게 우주의 질서와 순리를 노래하고 있다. 누가 보든 안 보든 바람꽃은 사철 불고, 누가 알아주던 말던 밤마다 아린 진통 끝에 아침마다 영롱한 이슬꽃을 피우는 것임에야! 그러나 대다수의 사람들은 무심코 그 이슬을 털며 밟으며 지나치고 말지만 시인은 그 사실을 간과하지 않고 있는 것이다.

그러나 시인은 외롭다. 마치 소혹성에 사는 어린 왕자처럼.

떠돌이
흐르는 별

언제였던가,

길 떠난
저 별빛.

— '오늘 별빛' 全文

시인은 지금껏 가장 평범하면서도 모범적인 가정을 꾸려나가고 있다.

서울 총각이 인의예지의 선비고을 유향인 경북 예천의 참한 규수를 얻어 슬하의 1녀 1남을 다 훌륭하게 훈육 성장시켰다.

그러나 문학이라는, 시인이라는 나라에 들면 상황은 달라지고 만다. 누구도 말리지 못할 절대 고독과 마주해야 한다. 영혼의 감로수같은 한 줄의 싯귀를 위해 어떠한 산통을 겪더라도 기꺼히 詩神에게 번제를 드려야 하는 것이다. 나에게 한 숨 바람을 불어넣어 생명을 점지해준 삼신 마고할미에게라도 묻고 싶은 것이다. 이 우주의 떠돌이별 같은 나의 생명은 어디에서 와서 또 어디로, 언제까지 흘러야 하는 것이냐고. 오늘 밤에도 별똥별은 지는데……

그러자니 자연 시인의 귀는 항상 예민하게 긴장하고 있게 된다.

숲속에 지렁이는 산메아리로 귀를 씻는다네.

—'山詩·1' 全文

자벌레 한 마리가 온 산을 맘껏 마름하고 있네.

—'山詩·2' 全文

이와 같이 시인의 귀는 생명있는 모든 미물들과도 소통하고 있다. 그것은 인간도 결국 알고 보면 자연의 일부라는 인식이 깔려 있다. 흔히들 인간이 자연을 정복하느니 등산을 할 때 산 정상을 정복했느니 떠들어대지만 우리의 조상들은 일찍이 自然合一을 가르치고 있지 않는가. 그 자연의 품에 안겨 모든 생명체들과 더불어 상생하며 인간 생활을 영위하고 있는 것이다. 이러한 사실을 이미 다 알아차리고 시 농사를 경영하는 시인은 자연 친화와 생명사랑의 녹색시인 일시 분명하다.

3.

아무리 천없는 시인일지라도 인간인 이상 모든 생명체와 마찬가지로 이 땅위에 발을 디디고 살아가야한다. 더구나 영장류 중에서도 가장 진화했다는 인간이라지만 현실을 도외시한 그 理想만으로는 살아갈 수 없는 법이다. 하여 시인의 한 쪽 눈은 인간생활의 온갖 喜怒哀樂을 꿰뚫어보며 그 모순점을 꼬집기도 한다.

홀로선
살 수 없어
얽어 산다네,

어울렁
더울렁.

—'칡넝쿨' 全文

그렇다. 일찍이 현자는 '인간은 사회적인 동물이다' 라고 갈파했듯이 사람은 혼자서는 살아갈 수 없다. 인간이 하나(1)일 때는 그냥 존재론적인 있음이다. 그리고 둘(2)이 되었을 때는 상대성적인 개념상의 존재인 것이다. 그것은 태극의 태음, 태양이 그렇고 大小, 多少, 高低, 長短, 明暗, 凹凸, 深淺, 輕重, 善惡, 美醜, 등등 모든 있고 없음의 개념이 다 그러한 것이다. 그러나 셋(3)이 모였을 경우부터는 비로소 수의 개념이 이뤄지고 가장 기본적 원소로 이루어지는 우리들의 사회가 구성되는 것이다. 천부경 수리학을 빌려오더라도 이 셋(3)이라는 숫자가 대우주 천지만물의 처음임을 알려주고 있다. 우선 하늘(天), 사람(人), 땅(地)이 그렇고 원(○), 방(□), 각(△)이 그렇다. 거기다가 건(乾☰3), 곤(坤☷4), 감(坎☵5), 리(離☲6), 로 나아가는 태극 8괘가 다 그렇다. 이 겨레 새 정형시들인 민조시 역시 3에서 출발하여 4, 5 음보를 거쳐 6조로 돌아들어 큰 울림으로 마무리하는 율조를 지니고 있는 특성을 가지고 있다.

우산 속
숨어 있는

또 다른 나를,

꾸짖는
빗소리.
—'장맛비' 全文

내안에/ 살고 있던/ 샛노란 향내,// 터졌네,/ 구린내.//
—'은행(杏)' 全文

가자미 눈빛들이 번뜩거린다,
들킬라
내마음.
—'CCTV' 全文

그러나 어차피 세상살이란 그리 호락호락한 것이 아니다. 그 누가 아무리 착하게 산다해도 인간 속성의 본연적인 에고(ego)에서 한없이 자유로울 수 없는 존재가 바로 현실적인 삶을 영위해야만 하는 인간인 것이다. 여기에서 유정 시인의 '램프의 시' 한 대목이 생각난다.

아내여, 바지런히 밥그릇을 섬기는 /
그대 영롱한 눈동자속에도 등불이 영롱하거니 /
키작은 그대는 오늘도 / 생활의 어려움을 말하지 않았다 /
—중략—
세월은 덧없이 간다 하지만/ 우리들의 보람은 덧없다 말라/ 굶주려 그대는 구걸하지 않았고/ 배불러 나는/ 지나가는 동포를 넘보지 않았다

이처럼 시인은 이상과 현실의 괴리 속에서 스스로의 자존감에 괴로워하고 가슴 아파한다. 과연 나 자신은 하늘을 우러러 한 점 부끄럼 없이 살아 왔는가? 내 안에 거하는 또 다른 나 자신을 스스로 속인 적은 없는가? 이는 바로 그 어떤 절대 신이 강요하지 않아도 스스로 자신을 성찰하는 고해성사요, 섬뜩한 참회록이 아닐 수 없다.

귀갓길
취한 손에
통닭 한 마리,

아버지가 된다.
— '비오는 저녁' 全文

그러나 시인은 현실에서는 나아가면 국민의 공복이었고, 들어오면 한 가정의 가장이자 지아비요 아이들의 아버지일 수밖에 없었다. 모든 살아 있는 족속들에게는 본능적인 새끼사랑이 있다. 이는 살아있는 동안 가질 수 있는 크나큰 특권이라고 할 수 있는 것이다. 어느 누구라도 제 처자 가족들을 사랑하고 양육하는데 있어서는 시비하지 못할 것이다. 이처럼 시인 역시 하루의 팍팍한 일과를 끝내고 이래저래 술자리를 파하고 집으로 돌아가자면 그제서야 눈빛 똘망똘망한 아이들이 생각나는 것이다. 한없이 현숙하고 요조숙녀한 강 씨 부인의 입맛보다도 눈에 밟히는 게 우선 아이들이었으리라. 우리 아버지들도 술 한 잔 거나하시면 맹 그러하셨듯이.

4.
마실 땐
천국이요

깰 때는 지옥,

안마시면
연옥.

ㅡ'중독' 全文

맥주가/ 소주 만나/ 신방 차렸네,// 놀빛도/ 부끄러.

ㅡ'노을주' 全文

나는 함 시인을 상당한 애주가로 알고 있다. 그러나 그간의 과정을 살펴보면 매우 절제하며 술을 즐기는 것 같다. 술을 전혀 입에 대지도 않으면서 시를 쓴다는 거룩한(?) 시인들을 대하자면 좀 불편스럽다. 그것은 나 자신이 일개 범부에 지나지 않은 탓도 있으려니와, 사람이 너무 완벽하여 약간의 허점도 상대방에게 보여주지 않을 때면 인간의 향기를 맡기 어려운 까닭이다. 이점은 영혼을 비추는 눈빛 외에는 시인이 너무 반질거리면 정이 잘 가지 않는 것과 같다.

언제보아도 푸근하고 넉넉하고 또 마음씨 좋은 동네 아저씨 같은 인상의 함 시인이 한 순간에 시인으로 변신을 하고 이제 이 새봄에 회갑을 맞이하게 된다.

인생 제2막이라 했던가? 앞으로 남은 새로운 날들을 시인이 추구하듯 자연과 생명존중의 녹색운동에 매진하며 더 좋은 민조시, 초록빛 숨소리와 신선한 풀향기가 배어나오는 생명사랑시를 짓는 시인으로 자리매김하기를 바램한다.